詹天佑与中国近代铁路

◎ 主编 金开诚

◎ 编著 陈 琪

吉林出版集团
吉林文史出版社

图书在版编目（CIP）数据

詹天佑与中国近代铁路/金开诚著. —— 长春：吉林文史出版社，
2010.11（2023.4重印）
（中国文化知识读本）
ISBN 978-7-5472-0880-9

Ⅰ．①詹… Ⅱ．①金… Ⅲ．①詹天佑（1861～1919）
－生平事迹②铁路运输－交通运输史－中国－近代 Ⅳ.
①K826.16②F532.9

中国版本图书馆CIP数据核字(2011)第209613号

詹天佑与中国近代铁路

ZHANTIANYOU YU ZHONGGUO JINDAI TIELU

主编/ 金开诚 编著/陈 琪
项目负责/崔博华 责任编辑/崔博华 高原媛
责任校对/高原媛 装帧设计/李岩冰 董晓丽
出版发行/吉林出版集团有限责任公司 吉林文史出版社
地址/长春市福祉大路5788号 邮编/130000
印刷/天津市天玺印务有限公司
版次/2010年11月第1版 印次/2023年4月第3次印刷
开本/660mm×915mm 1/16
印张/9 字数/30千
书号/ISBN 978-7-5472-0880-9
定价/34.80元

前　言

　　文化是一种社会现象，是人类物质文明和精神文明有机融合的产物；同时又是一种历史现象，是社会的历史沉积。当今世界，随着经济全球化进程的加快，人们也越来越重视本民族的文化。我们只有加强对本民族文化的继承和创新，才能更好地弘扬民族精神，增强民族凝聚力。历史经验告诉我们，任何一个民族要想屹立于世界民族之林，必须具有自尊、自信、自强的民族意识。文化是维系一个民族生存和发展的强大动力。一个民族的存在依赖文化，文化的解体就是一个民族的消亡。

　　随着我国综合国力的日益强大，广大民众对重塑民族自尊心和自豪感的愿望日益迫切。作为民族大家庭中的一员，将源远流长、博大精深的中国文化继承并传播给广大群众，特别是青年一代，是我们出版人义不容辞的责任。

　　本套丛书是由吉林文史出版社组织国内知名专家学者编写的一套旨在传播中华五千年优秀传统文化，提高全民文化修养的大型知识读本。该书在深入挖掘和整理中华优秀传统文化成果的同时，结合社会发展，注入了时代精神。书中优美生动的文字、简明通俗的语言、图文并茂的形式，把中国文化中的物态文化、制度文化、行为文化、精神文化等知识要点全面展示给读者。点点滴滴的文化知识仿佛颗颗繁星，组成了灿烂辉煌的中国文化的天穹。

　　希望本书能为弘扬中华五千年优秀传统文化、增强各民族团结、构建社会主义和谐社会尽一份绵薄之力，也坚信我们的中华民族一定能够早日实现伟大复兴！

目录

一、简介

　　一百多年前，旧中国正处于风雨飘摇、贫弱交加之时。在清王朝的腐朽统治，西方列强的肆意蹂躏下，中华民族，这个古老骄傲的民族被科技发达的西方蔑视，在西方的机械鸣叫声中失去方向。而詹天佑，中国铁路之父，用有力的臂膀，撑起了中国铁路建设乃至中国工程界的天空。

　　可以说，詹天佑就是为那个时代而

生的。若不是清政府处处挨打，从而掀起洋务运动的热潮，詹天佑的命运也不可能被改写。祖籍安徽的詹天佑祖辈经营茶叶生意，也曾一度兴盛过。到詹天佑父亲这一代，局势动荡，家道中落，父亲靠农耕及替人写字画等养活一大家。孩童时的詹天佑也和同龄人一样，在私塾接受早期教育。到詹天佑十岁时，因家境贫穷，父亲原本不打算让他读下去，此时，父亲的好友带来清政府送幼童留美的消息，詹天佑的命运从此便改写。后学成归国，辗转沉浮后挑起中国铁路业的大梁。

　　胡适在为凌鸿勋编著的《詹天佑先生年谱》一书作序时，写道："容闳先生领带到美国留学的一百二十个幼童之中，詹先生是回国后能有机会充分运用所学的专门学术而建立伟大成绩的唯一的一个人。"詹天佑得以建立伟大功业，不仅有机缘，更多的还是因为他的品德修养和深邃思想，最重要的是他对祖国的一腔热情。

　　詹天佑是不可多得的人才，他在学术方面相当有建树。早年从美国耶鲁大学毕业，即掌握了最先进的铁路建造知识。回国之后，仍然请在美国的朋友代购介绍最新技术的书籍，始终关注着最新的科学动态，保持着科学技术的先进性。

　　倘若仅此而已，詹天佑只能说得上是个杰出的工程技术人员，不会有更高的建树。然而，大可留在西方国家享受优越生活的詹天佑不顾同学的劝阻，毅然

回到了祖国。即使被迫"改行"，未被重用，也从未有离开祖国的想法，而是一心为祖国着想，用一生捍卫着祖国的铁路权益。

一生光阴都在为中国铁路建设事业奔走的詹天佑十分重视教育和青年工程技术人员的培养。在仍沿袭着科举考试制度的旧中国，他无力彻底改变这种落后的、不实用的教育制度，只能尽自己最大的力量培养工程界的青年人才。詹天佑结合自己的经验，强调实践经验的重要性，并且十分重视青年工程人员的道德品质。他在病榻上曾写《敬告交通界青年工学家》，提出自己对青年工学家的学识及品质要求。詹天佑为急需工科人才的旧中国培养了一批掌握了系统的理论知识和实践经验的人才，为中国的近代工科发展作出了卓越的贡献。

詹天佑一生操劳，逝世时仅58岁。在生命弥留之际，他口述《遗呈》，呈交给当时的民国政府。《遗呈》中仍多处提及中国铁路事业，并希望其后人继续从事工科事业。直至临终，詹天佑惦记的依然是中国铁路事业，赤子之心，令人动容。

旅美华人学者高宗鲁曾大量搜集詹天佑的资料，为研究詹天佑及留美幼童史作出了重要的贡献。他高度评价了詹天佑的伟大贡献，说：

"詹天佑是晚清容闳氏率领到美国留学的一百二十名幼童之一。他以幼龄出洋，留美九年，回国以后在动荡的政治环境下，尊重传统但坚持思想，以三十一年岁月，献身在中国铁路事业上，不事宣传，不求表彰。他完成国人自建的第一条铁路——京张铁路，给百年积弱、面临巨变前的中国，恢复了相当程度的民族自信心。他是中国近百年工程界的楷模，其对于中国铁路事业影响至大且巨。"

今天，我们缅怀詹天佑，不仅为纪念他为中国铁路事业作出的卓越贡献，更因感动于他赤诚而真切的爱国情怀。他是中华民族的伟大儿女，是人民心中一座永远的丰碑！

二、聪慧少年　鸿鹄之志

（一）家道中落

詹天佑诞生的年代，正是中国社会发生激烈的动荡与深刻的社会变革的时代。从事茶叶生意的詹家，同当时社会的许多底层百姓一样，在动荡不安中挣扎着，家势逐渐败落。

詹天佑祖籍安徽省婺源县（今属江西），婺源县地处山区，民风淳朴，文人气息浓厚，造就了詹家在经商之余，重视文德培育的家风。詹天佑的曾祖父詹万榜，字文贤，是清代乾隆年间的太学生，又是从事茶叶出口贸易的茶商，经营家乡闻名全国的黄山茅峰茶。当时的广州是清代自雍正年间以后唯一的对外贸易港口。因生意关系，詹万榜经常南下来到广州，依仗当时清政府垄断中国进出口贸易的"十三行"销售茶叶，生意顺利，获利颇丰。公元1760年（清乾隆二十五年），詹万榜携眷定居广州。1800年（清嘉庆五年），置屋于广州城北门外隶属南海县的拱宸坊。同年，詹万榜去世。

詹万榜去世后，詹天佑祖父詹世鸾子承父业，继续经营茶叶外贸。詹世鸾是家中长子，善于经商，并且乐于助人。据《婺源县志》记载，他"资禀雄伟，见义勇为。佐父理旧业，偿夙逋千余金。壬午（指1762年，乾隆二十七年）贾于粤东，关外遭回禄，茶商窘不得归，多告贷，鸾慷慨资助，不下万金。他如立文社，置祀田，建学宫，修会馆，多挥金不惜。殁之日，囊无余蓄，仕林重之"。

1816年（清嘉庆二十一年），詹世鸾将全家自广州城北门外的拱宸坊迁居到广州西门外的十二甫，自置房屋。1820年年底（清嘉庆二十五年十一月），詹世鸾因子不能返回安徽原籍应试，乃以其子詹钰的名义，向广东南海县申请入籍。两次申请，终于获准入籍广东南海县。因此，詹天佑自其父辈起，即入籍广东南海县。此时，世风太平，詹家的生意处于最为兴旺的时期。

詹天佑的父亲原名詹兴藩，后改名兴洪，字作屏。他长大后仍经营祖上的茶叶外销贸易。但因时运不济，詹家兴旺的生意迅速破败下来。此时，中国社会正遭受着一场狂风暴雨的打击。

1840年，鸦片战争爆发，广东成为中英交兵的主战场。中国对外贸易被迫中止。1842年，战争结束时，清政府被迫签订中英《南京条约》，除割地赔款外，还被迫开放上海、宁波、福州、厦门、广州

五处通商口岸。西方各国商人借机纷纷抢占市场。加之1851年在两广爆发的太平天国农民起义对皖南茶叶运粤的阻断,广州的对外贸易每况愈下,各中、小对外贸易商行更是度日维艰。到19世纪50年代末,再次经受历时四年的第二次鸦片战争的沉重打击,广东对外贸易的中、小商行几乎全部濒于破产。詹天佑父亲的茶行在此时完全衰败停业了。

就在詹兴洪家业破败之时,詹天佑于1861年4月26日来到了人间。詹天佑的父母共生育了七个子女,詹天佑为长子,上面有三个姐姐,其中二姐早夭;下有三个弟弟,二弟和三弟都不幸早夭。这样一个人口众多的家庭,靠詹兴洪一人维持生计,其中艰难窘迫不难想象。詹兴洪除操持一些田亩外,还做一些小生意,并替人代写书信、刻印章、春节时写春联等,挣些收入以贴补家用。詹天佑母亲陈氏是一位勤劳刻苦、聪明贤惠的妇女,含辛茹苦地相夫教子，为詹天佑兄妹们的成长倾尽了全部的心血。

就这样，詹天佑秉承着良好的家风，在动荡不安的广州城，穷苦但美满的大家庭中，度过了美好的童年时光。

（二）伯乐识神童

詹天佑孩童时代所接受的教育，可以说是中西结合。在私塾接受的传统教育和当时在广州城对西洋机械的耳濡目染，造就了詹天佑乐于接受新事物的性格，并为他之后留美学习打下了思想基础。

按中国封建社会习俗，詹天佑6岁那年，父亲把他送进当地一家私塾读书。在私塾里，詹天佑读了《三字经》等启蒙读物，接着读了四书五经，学习八股文的作法。几年的学习中，詹天佑学习了一些中国传统文化知识，从中吸取了许多有益的思想内容，逐步形成了他好学深思、沉稳坚韧的性格。但对于所学内容，他越来越不感兴趣。而对于当时逐渐传入中国的西方各种近代科技产品，詹天佑表现出越来越浓厚的兴趣。

天佑幼年生活的广州城一直是中国的对外通商口岸，是中国与外界接触的一个窗口。邻近广州的香港与澳门分别是英国和葡萄牙直接管理的属地，两地深受西方资本主义影响。詹天佑生活在与港、澳近在咫尺的广州，自小就受到欧风美雨的影响。他经常看到、接触到由西方传进来的近代大工业产品与各种机器、机械。他在街上走时，看见洋人或从港、澳回来的中国人摆弄新奇的"洋货"或机械产品、洋式玩具等，总是久久地伫立，看个究竟，仔细观察它的构造、运作原理与制作方法等。小小年纪的他还

爱向人请教，总是刨根问底问个明白。在小伙伴们漫山遍野地玩耍时，他却在想方设法收集各种机器零件，在他的衣袋里常常装着一些小的齿轮或是发条，一有时间他就摆弄这些小玩意儿，拼拼装装、拆拆卸卸，乐此不疲。

詹兴洪是个思想进步开化的父亲。对于詹天佑不爱读四书五经，却对西洋机械兴趣浓厚，他十分地理解与鼓励。

同时，詹兴洪的挚友谭伯邨，也时常给詹天佑带来西方的进步思想。谭伯邨为谋生计常往来于香港澳门之间，他经常从香港带回一些新式画报给詹天佑阅读。这些画报介绍了许多有关西方经济、科技、历史、文化等方面的知识与社会生活、杰出人物等，引起了詹天佑的极大兴趣。而谭伯邨，也成了让詹天佑踏上留美求学之路的伯乐。

1871年，詹天佑10岁，即将读完私塾。因家境困难，詹兴洪不准备再送儿子读书了，他想送儿子学门手艺，好早些养家糊口。正在这时，詹家老友谭伯邨带来的一个消息彻底改变了詹天佑的命运。

这年夏天，谭伯邨专门从香港赶回南海县，告诉詹家一条最新消息：清政府宣布招收30名12到14岁之间的幼童赴美国留学，条件优厚，除在上海招收外，最近专门负责此项事宜的容闳大人又特地来到香港招收学生。谭伯邨一直以来十分喜爱詹天佑，觉得他聪慧过人，这次对于詹天佑是个难逢的好机会。

对于这个消息，詹家父母倍感震惊和新奇。从古至今，从来没有过政府大规模组织幼童学生远涉重洋，去一个遥远而陌生的西洋国家留学的先例。对于将自己膝下才10岁的幼子送到遥远的异国去读书，夫妻二人自然顾虑颇多。开通的谭伯邨认定这对于聪慧的詹天佑来说是个绝好的机会，他多方解释说明，最后为打消他们的顾虑，他对詹兴洪夫妇说："只要你们让天佑出国留学，我就把我的四女儿谭菊珍许配给天佑为妻。"夫妻二人见谭伯邨如此热心，深受感动，终于决定让詹天佑去香港招生处报考了"技艺"门。

　　1871年秋，詹天佑到香港应试。考试科目为国文写读，已经学过英语的考生还要加试英文。詹天佑已在私塾打下良好的国文基础，考试顺利通过。詹天佑的人生道路就此发生重大的转折。

三. 远洋求学

　　詹天佑与同学们一起赴美留学共九年时光。在这九年里，他从一个孩童成长为青年，在异国的土壤里吸收养分，欢快地成长着。

1872年8月11日(同治十一年七月初八),上海港码头边,一艘日本的客轮起锚开航了。这标志着中国近代第一次留学运动的起航。据第二批赴美幼童温秉忠后来回忆,当时"在一种复杂茫然的心情下搭上日本的轮船"。这些幼童及其家长,都顶着极大的压力。有幼童回忆当时清政府招收幼童情景时,说:"当我是一个小孩子的时候,有一天,一位官员来到村里,拜访各住户,看哪一家父母愿意把他们的儿子送到国外接受西方教育,由政府负责一切费用。有的人申请了,可是后

来当地人散播流言，说西方人野蛮，会把他们的儿子活活剥皮，再把狗皮接种到他们的身上，当怪物展览赚钱，因此报名的人又撤销了。"的确，美国对于当时的人们像是天涯海角般的距离，尤其是在中举入仕的传统观念还深入人心的封建社会，父母是不愿意让孩子留洋的。

不管怎样，幼童们带着顾虑和父母的牵挂上路了，但对于孩子们来说，愁虑很快就被对新鲜事物的新奇感所替代。当幼童们第一次坐上火车，横穿美国大陆时，他们看到了异国的风光，不同民族的风俗，更重要的是他们亲身体会到了近代资本主义大工业文明，在此过程中，尚年幼的詹天佑隐隐感觉到了中西方的

差距。

留洋幼童来到美国，并非是完全扎根于异国土壤中吸收养分，清政府企图将这些幼童教育成掌握西方先进科学技术，以捍卫中国封建圣道的新式卫士，因而对幼童的封建思想教育始终紧抓。在管理留洋幼童事宜的"驻洋肄业局"大堂，高挂着孔子画像与"天地君亲师"的牌位，让学生参拜；学生们要定期学习汉语与中国传统礼仪，学习四书五经、国朝律例、圣谕广训；还向幼童学生们灌输三纲五常等中国传统思想道德观念。

而这些，始终敌不过代表当时世界进步潮流的西方近代思想文化，更约束不住天性向往与追求新奇、自由与进步的青年学生的思想感情。他们在系统地学习英语和各种科学知识的同时，不可避免地接触到了西方以自由和平等为中心的价值观，逐渐背离了封建统治者"外西内中"的最初设想。

詹天佑来到美国后，迅速完成了英语的学习，通过考测，于1873年（同治十二年）春，进入康涅狄格州西海汶的海滨男生学校学习，他在这里学习了两年，到1875年（光绪元年）4月结束。

海滨男生学校是一所私人办的预备性质的住宿学校，主要任务是训练从中国、日本和南美洲等国家来美国留学的幼童，为将来报考美国各大学作准备。校长名叫诺索布，毕业于耶鲁大学，会讲七种语言，爱好音乐。他的夫人玛莎·诺索布知识丰富，擅长数学，对外国来美求学的学生极为关心，她给了詹天佑很大的影响。后来詹天佑回到中国，和诺索布一家还保持着长久的书信往来。在海滨男生学校的两年时光里，詹天佑经常和同学们来到校长家中玩耍，学习。在此期间，诺索布夫人发现詹天佑的数学成绩很好，有优异的数学天赋，就热情地鼓励他今后投身科学技术。

从海滨男生学校毕业之后，詹天佑进入了新海汶的山房高级中学，他注册进入特别班。在学校，他系统地学习了美国高中阶段的各科基础知识，各科成绩优异，打下了坚实的自然科学知识与西方文化知识的基础。尤其在数学、物理、化学等课程中表现出过人的学习力。1878年，詹天佑以全班第一，全校第二，仅比第一名总成绩相差6分的成绩从山房高级中学毕业。为中国留学生，也为中国人争得了荣誉。

在此期间，詹天佑的几个同来美国的同学不幸早夭，他深深意识到身体健康对一个人的重要性。在学习之余，他常参加游泳、滑冰、钓鱼、打球等体育活动。他特别喜欢打棒球，并坚持不懈，练得一手好球艺。他还与中国留美学生中的棒球爱好者一同组成了"东方人"少年棒球队，常与美国各地的棒球队进行比赛。中国留美学生的棒球技艺精湛，逐渐打出了名声。在詹天佑与同学们离开美国，回国途经旧金山时，还被旧金山当地著名的棒球队——奥克兰挑战，要求举行一场中美公开赛。血气方刚的中国留学生们立即应战，引得不少当地百姓，特别是华侨们，赶来观战。奥克兰球队并不以为中国留学生的球技会很高，又是即将回国、临时组合的球队，一心觉得能轻易取胜。然而，东方人玩的棒球让老美溃不成军，其出球之猛，技艺之高，都让奥克兰队队员大感意外。学习和体育活动，让詹天佑的心智和身体以最健康的方式成长着。

在山房高级中学的学习期间，驻洋肄业局带领留学生的一次参观经历，对詹天佑产生了巨大的影响，让他更坚定了自己今后的学习方向。

那是1876年（光绪二年），正是美国建国100周年，各地举行了隆重的各式各样的纪念与庆祝活动。其中影响最大的

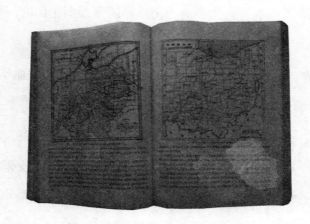

是在费城举办的一个规模巨大的百年博
览会，展出美国建国100年以来的各项生
产成就和当时世界上最新的科学技术成
果，还邀请了37个国家，包括中国，去该
博览会展馆陈列自己国家独特的展品。驻
洋肄业局为扩充年轻留学生们的见识，
特地组织了一次参观活动。

博览会上突出地展出了美国及先进
国家在电力、通讯、机械与交通工业方
面的革新成就。《美国历史地理》一书中
记载有当时的盛况：美国百年纪念展览
会1876年在费城举行，展览大厅占地21

英亩，陈列采矿部门和制造部门的产品；另一座建筑物占地17英亩，陈列各种机器。参观者可以从这里看到：康涅狄格出产的工具和刀剑；新泽西出产的缝纫机；普林斯的改良自来水笔，"保证书写十小时"；打字机，"可以代替钢笔书写除簿记以外的各种文件的机器"；纽约出产的"华尔山姆"表和芝加哥的"爱琴牌"表；还有费城为儿童制造的幻灯和放映机……更有号称当时"全世界最伟大的机器"的700吨重的柯林斯式蒸汽机，也出现在会场。各种先进精妙的机器与科技最新成果，让少年们看得如痴如醉，惊叹万分。

而在布置得古色古香的中国馆里，詹天佑只看到了"与官衙一式，极为严肃"的格调。展品也都是中国传统的农副产品，如丝、茶、六谷、药材等与手工制品如绸缎、牙雕、玩物、银器、玉器、字画等。"物体悉遵华式，专一手工制造，无一借力机器。"勾画出当时中国社会仍是农业和手工业相结合的自然经济图景，比西方资本主义机器大生产落后了整整一个时代。詹天佑深深地感到了差距，暗下决心，要学好西方先进科学技术，回国报效祖国。

1878年（光绪四年）7月，17岁的詹天佑从山房高级中学毕业，面临着报考大学的选择。志向远大的他选择了美国第一流的名牌大学——耶鲁大学的雪菲尔德理工学院，他报考的是该学院土木工程系的铁路工程一科。詹天佑之所以选择铁路，一方面是由于他对自然科学的热爱；另一方面，西方当时正兴盛着以铁路起飞带动经济起飞的理论，美国铁路正处于高速发展的高潮期，詹天佑亲身经历着这一切，意识到铁路对于振兴祖国的深切重要性，更坚定了学习铁路建设的决心。

事实上，詹天佑对于铁路的认识思想，在当时的中国只有少数人认同。火车，是封建顽固派极力排斥的新型事物。就在詹天佑报考耶鲁大学土木工程系铁路工程科的前半年，清政府花费28.5万两，购买拆毁了中国大地上第一次出现的办理过营运的铁路——吴淞铁路。可见当时中国封建统治者对于铁路的痛恨与排斥。可以说，詹天佑对铁路的认识，已大大超过了清朝社会的绝大多数人。没有詹天佑，中国人自己的铁路将是个遥遥无期的梦，他当之无愧是中国铁路建设的先驱，技术的领头人。

耶鲁大学雪菲尔德理工学院，入学资格考试非常严格。考试科目包括英文、美国史、地理、拉丁文、算术、代数、集合、三角等等。詹天佑顺利地通过了这些考试，取得了入学资格。在耶鲁大学，詹天佑常在老师的带领下，和同学们一起做实验、实地勘测等。这些都培养了他求实、细致的作风与学风。学习方面，他更是表现优异。特别是他的数学成绩更为突出，在一、二年级时他两次获得数学课的奖学金与奖章，在毕业考试中则获得了全校第一名。1881年（光绪七年），詹天佑从耶鲁大学雪菲尔德理工学院土木工程系毕业，获得耶鲁大学土木工程学士学位与毕业证书。就在这时，一个让留学生们震惊又无奈的消息传来了：清政府下令裁撤全部留美学生与驻洋肄业局，要他们立即回国。

詹天佑与他的留美同学们得到回国的通知时，正值暑假。他们"正在班丹湖畔举行野外宿营，以图欢聚，不料容闳

博士带来了出洋局停办之恶消息，学生们听了都垂头丧气，只得快快地各自回到寄宿的地方，去收拾行李准备回国"。他们不知道，他们在言行举止、行为着装上的西化，导致了出洋局第四任委员吴嘉善的强烈反感，他认为留学生们"抛弃中学，背弃孔孟之道；驰骋跳跃，有损儒者之风；运动换装，弃我大清国服"等等，极不注重行为举止，大失体统。加之清政府中顽固派的大力反对，清政府"浅尝辄止"，一次进步的留洋运动就此夭折。

1881年9月6日（光绪七年七月十三日）下午，詹天佑与第三批学生一道，登上"北京城"号轮船，离开美国。在海上航行了一个多月后，詹天佑回到了阔别九年之久的祖国大地。

三、求学归来　建功立业

（一）怀才不遇

从异国归来，留学生们的一腔热情却被腐化顽固的清统治者们无情地浇灭了。

留学生们曾经作为振兴国家科技的希望，离开祖国和亲人千里迢迢留洋求学，如今终于学成归来，他们自然是不尽地兴奋与激动。然而，他们怎么也想不到，自己的梦想从开始就是泡影。詹天佑的同期留美同学黄开甲记录了他们的遭遇：

"曾幻想有热烈的欢迎等着我们，也有熟悉的人潮，和祖国伸出温暖的手臂来拥抱我们。可是天呀！全成泡影。水草越来越清楚，想象中的欢迎仪式，使我们越发激动。船头划开扬子江平静黄色的水波，当靠码头时，那船舷碰岸的巨响，才惊醒我们'乌托邦式'的幻梦。人潮围绕，但却不见一个亲友。没有微笑来迎接我们这失望的一群……只有一个人上船来接我们——是管理我们信件的陆先生，一个不如平庸中国人的头等笨伯。他不雇用马车或船将我们载往目的地——中国海关道台衙门，却雇用独轮车来装载我们。行程迟缓，使我们再度暴露在惊异、嘲笑的人群中……"

"终日饱吸自由空气"的留学生们突然回到专制、愚昧、不平等的封建社会，

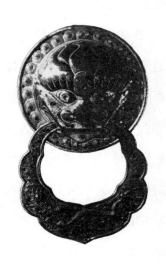

备感落差，感到极大的沉重与痛苦。清政府统治者们也并不看重留洋归来的学生们所掌握的先进知识，只把他们看作是无科举功名、有一技之长的"畴人"、"工匠"。经过一段时间的延宕，清政府"乱点鸳鸯谱"式地将其任意分配，詹天佑被分配到福州船政学堂学习海军驾驶。这一切，詹天佑和他的同学们都毫无发言权，只能听任官僚们的摆布。

当时的中国铁路事业在顽固派的百般阻挠下刚艰难起步，帝国主义国家觊觎修建铁路的利益，纷纷逼迫清政府任用外国工程师，铁路事业的技术管理层被外国人垄断，完全没有中国人的容身之地。詹天佑后来回顾他回国时的情况时，说："我在毕业后即回国，因为在此时期，在国内没有修筑铁路的工作，我被迫进入海军福州船政学堂做一名学员学习航海。"

1881年（光绪七年）11月，詹天佑在

福州船政学堂开始了新的生活。入学后不久，时届年关，春节就要到来，学校允许这些离家出国近十年的留学生们回家探亲。詹天佑回到了阔别十年、日思夜想的家乡。当年离开时，他还是个不懂事的孩童，再次踏上故土之时，他已成长为壮实的青年。詹天佑感慨万分，凭记忆很快找到了位于广州城西门外十二甫熟悉的家。那天，詹天佑的父亲詹兴洪正在街上摆菜摊子，忽然见到一位青年向他走来，并向他打听自己。他惊讶地问青年是谁，才知道站在他眼前的青年人竟是自己离别已十年的长子。老人惊喜交集，热泪盈眶。詹天佑的母亲和家人闻声而出，一家团聚、悲喜交集的场面引得许多街坊邻居围观、感叹。

詹天佑被迫"由路而海"以后，并没有流露出太多不满与不快。沉稳坚毅的他很快埋头投入新课程的学习。对于已取得耶鲁大学学士学位，有坚实的理工科基础的詹天佑而言，船政学堂的学习并不困难，仅半年时间，他便以一等第一名的成绩毕业，在福建水师旗舰"扬武"号上任职。

约一年后，1884年2月（光绪十年正月），詹天佑接到调令，被福建船政大臣何如璋调回福州船政学堂的后学堂（水师学堂），升任教习。在23岁时，詹天佑开始了他的教学生涯。然而，落后腐朽的旧中国没有太平，处于任人鱼肉的境地。半年后，法国突袭福州马江，接连几天的疯狂炮击，使得福州城一片断壁残垣、荒凉不堪。福州船政局，这个清政府在洋务运动中创办最早、规模最大的军事造船厂，还有福州船政学堂这个创办最早、规模最大的海军航海与制造学院，都是重金聘用法国工程师设计制造与主持创办的，而转眼之间，又被法国的舰艇与炮火彻底毁灭了。这样的结果，让詹天佑再次

感到切肤之痛，他更急切地想用自己所学去富强中国。

因福州船政局被彻底摧毁，詹天佑一时失去了工作。1884年10月，詹天佑突然接到了新任两广总督张之洞给他发来的调令，要他去培养陆、海军军官的博学馆充任英文教习。从1884年（光绪十年）至1888年（光绪十四年），詹天佑一直在广州博学馆任教。他教学认真，教学水平高，"官称其能，士服其教"，深受好评。1886年（光绪十二年）起，詹天佑还奉派勘测绘制广东沿海的海图与海防险要地形图，以及参与修筑广东沿海炮台，不仅为加强广东海防做出了重要的贡献，还开创了中国的海图绘制工作。四年多的教习生涯之后，1888年5月，中国铁路公司给詹天佑发来了一纸调令，他终于投入了多年梦寐以求的中国铁路建设事业当中。

从1881年回国至1888年调入中国铁路公司，辗转跌宕之间，詹天佑的所观所感，让他逐渐认识到落后腐朽的旧中国，与西方的先进自由天地的差距。他急切地想要投身于振兴祖国的事业当中。那是一种不再局限于为个人命运嗟叹，而是基于切肤之痛、发自肺腑的宽广宏大的情感。没有预想的那般明媚美好，但这样的黑暗却更让人咬紧牙关，紧握双拳，积蓄着力量，只待磅礴而发。

（二）牛刀小试

1.天津—唐山铁路

中国铁路建设事业进行得艰难而曲折。以李鸿章为首的洋务派每上奏要求建一段铁路，都会遭到顽固派官僚和社会保守势力的万般阻挠。因而铁路事业进展极为迟缓。但庆幸的是，詹天佑留洋所学，终于能派上

用场。

　　1881年底中国第一条铁路——9.2公里长的唐（山）胥（各庄）铁路建成。然而，滑稽的是，新建成的唐胥铁路在顽固派的反对下，不得行驶机车，只能用骡马拖载运煤列车。一段时间后，因各方面大量需要煤炭，才允许行驶机车，"马车铁路"变成了真正的铁路。1886年，李鸿章组织成立了"开平铁路公司"，独自经营铁路的兴建与运营。同年秋，开平铁路公司动工修建从胥各庄到芦台阎庄间的铁路，称开平铁路。后集资将唐胥铁路从开平矿务局手中买过来，将两路连通，成为一条长约44.8公里的唐（山）芦（台）铁路。唐芦铁路刚建成，奕譞、李鸿章等就联名上奏清廷，要求将唐芦铁路延筑到天津。得到清廷同意后，

李鸿章指示将"开平铁路公司"改组为官督商办的"中国铁路公司",修建从芦台到塘沽、天津的津沽铁路。

同时,在中国的列强都深知铁路事业的巨大潜力,尤其是隐藏在其后的巨大经济、政治利益,使得列强在中国铁路事业刚起步时就开始千方百计要攫取、激烈争夺铁路总工程师的位置。英国由于其雄厚的实力在中国捷足先登,英国人金达是开平矿务局的总工程师,多次参与中国矿石开采与铁路的建设,在铁路局可以说占据着霸主地位。然而,德国不甘示弱,加紧活动,多方施压,使得"中国铁路公司"又聘请德国工程师鲍尔到津沽铁路工地上任职。二人矛盾日益激化。金达为了对抗与压制鲍尔,就想调用一个年轻的中国工程技术人员到铁路工地上来任职,作为自己的助手,即便于自己指挥,又可壮大自己的势力。他首先想到的是开平矿务局的部下邝孙谋,他是詹天佑留美的同乡和同学。自1881年回国之后，邝孙谋管了八年库房。邝孙谋得到金达的调职通知后，觉得自己在铁路技术方面远不如在美国耶鲁大学土木工程系铁路科获得毕业文凭与学位的詹天佑，于是他向金达推荐了詹天佑。

就这样，詹天佑怀着万分激动的心情来到了中国铁路公司。很快，他意识到金达调任自己来的目的，他不愿卷入金达与鲍尔间的纷争，他更愿意脚踏实地地干些正事。于是，他迅速离开了天津，前往铁路建筑工地。他被任命为帮工程师，受命主持塘沽到天津间的铺轨工程。他亲临工地，与工人同甘共苦。被埋没七年之久的詹天佑一心想的只有修建铁路。他格外珍惜这好不容易等来的机会，全身心地投入到工作当中。詹天佑在美国读大学去野外勘测时，便养成了严谨踏实的作风。在工地，他与筑路工人一道工作，认真负责，踏实细心，要求严格，身

体力行。对于掌握了先进的铁路修建技术的詹天佑而言，修一段铁路并非难事；加上他勤恳的工作作风，使得工程进展迅速，短短80天内就完成了铺轨工程。

1888年10月3日，津沽路工程线全线竣工。建成后，与唐胥路、开平路连接贯通，称津唐铁路。正式通车之日，李鸿章亲自前往查验，并率随从乘坐火车从天津直抵唐山。第一次乘坐火车的李鸿章对铁路工程质量极为满意，对铁路运输的便利快捷更是赞不绝口。李鸿章将工程技术上的功劳都归功于金达，对金达奖励有加。而詹天佑的贡献与成绩完全被忽视与抹煞了。邝孙谋替同学鸣不平，而历来沉默少言的詹天佑却并不在意，说："我自己才到铁路上来，应当多做事，又何必争功。"

这是詹天佑第一次参与祖国的铁路建设事业，虽然没有立即受到重视，但年轻的詹天佑凭着自己过硬的技术和严谨踏实的工作作风,在铁路工程师界逐渐崭露头角。

2.滦河大桥

1891年9月(光绪十七年十月)关东铁路开工,詹天佑被调派到关东铁路工地上任工程师,常驻滦河边的石门,负责督修从古冶到滦州这段工程。

滦河发源于冀北山地,全长870多公里,下游河宽流急,河床泥沙淤积很深,地质结构复杂。在滦河上建造铁路大桥是关东铁路建造中,也是中国铁路史上,第一项比较重大的艰巨工程。

在外国人眼中,滦河铁桥的建造工程造价投资高,是笔获利颇丰的工程项目。总工程师金达将建桥工程让给英国人喀克斯来承包。喀克斯只顾赢利,对施工十分马虎。因滦河水流湍急,他又不认真施工,导致打桩连遭失败。号称具有世界第一流施工技术的英国工程师遇到了困难,不得不将工程转让给要价较低的日本工程师。但日本人面对险急的滦河也是束手无策。后来又将工程转包给德国工程师，德国工程师凭着主观的经验和想法，采用空气打桩，结果又失败了。

面对连连失败，交工期限又将至，金达急得手忙脚乱，在无可奈何中他想到了詹天佑。一方面，金达深知詹天佑的知识水平与才干能力；另一方面，他也暗自打着小算盘。首先，詹天佑是中国人，对中国的各方面情况要更为熟悉。再者，若成功了，成绩自当首归总工程师金达；若失败了，则可再次证明中国人的无能。年轻的詹天佑勇敢地接受了这项艰巨的任务，接受了历史向他提出的第一次挑战。

从客观实际出发的詹天佑仔细分析了英、日、德三国工程师采用的各种打桩方法，分析探讨了一次次失败的原因；同时，他深入滦河工地，研究了多处滦河的水流与河床的地质情况，进行仔细的测量与调查。经过认真的测算与试验，最后

确定了新的施工方案。

詹天佑首先改变桥址，后精确设计了钢桥结构，全长约2000余英尺，合670米，是清末黄河大铁桥建成前中国最长的铁路大桥。在桥梁建设中最为关键重要也最为艰巨困难的桥墩建造过程中，他将中国传统的桥梁打桩方法与西方近代先进技术相结合，采用新式的气压沉箱法建造桥墩。这是中国铁路桥梁建设史上，第一次使用气压沉箱法建造桥墩。不多久，16座桥墩一座接一座跃出水

面。詹天佑开创性的工作取得了成功。

在施工过程中，詹天佑身穿工作服，和工人们同吃同住，同在水里泥里摸爬滚打。他还虚心向工人们请教，听取工人们的意见，和工人们共同奋斗在建设事业当中。他的吃苦耐劳精神让工人们深深感动。

经过几个月的艰苦奋斗，滦河铁路大铁桥工程按期完满竣工。这显示了詹天佑过硬的技术水准和惊人的才干，大长了国人的志气。

3.新易铁路

1902年，袁世凯为讨好慈禧，奏请修建一条专供皇室祭祖之用的新易铁路（高碑店至易县）。这条铁路虽是一条没有什么经济价值的临时铁路，但它却是中国人自己独立修建的第一条铁路，也是詹天佑第一次独立主持承建的铁路工程。

清政府将任务交给直隶总督、北洋

大臣兼关内外铁路大臣袁世凯，限其六个月内完工。袁世凯接到任务，首先想到的是多次主持中国铁路建设工程的英国人金达。而法国人提出强烈异议，要求聘请法籍工程师担任总工程师。英法两方针锋相对，互不相让，袁世凯在中间交涉多时，也毫无结果。眼看着日子一天天过去，袁世凯担心再拖延下去会耽误慈禧祭祖谒陵之大事。于是，在无可奈何之中，他决定不聘请英法任何一国的技术员，一切事宜均由中国人自己操办。

袁世凯选择了詹天佑。这是一个大胆又必然的决定。从中国修建铁路以来，从来没有由中国工程师独立主持建造过一条铁路，哪怕是不长的一段铁路，也都是在外国工程师的主持下修建的。这是一次前所未有的尝试，谁能承担这一重任？关心洋务事业的袁世凯早就意识到，在当时为数不多的中国铁路工程技术人员中也有能人，在铁路建筑中已工作十多年，曾主持建成滦河大桥的詹天佑就是其中最杰出的一员。因而，在此紧迫时刻，他大胆选择了詹天佑。

詹天佑仓促受命来到西陵铁路工地时，距离通车的期限只有4个多月了。由于时间紧迫，他立即投入工作。"每日工作达十五个小时，许多夜晚，都忙得不能入睡。"然而，时值隆冬，材料运输困难，导致材料缺乏，加之河水冻结，施工极为困难。在这样的情况下，詹天佑不得不采用一些技术改革与应急措施。

考虑到这是一条临时性质的铁路，

不运行载重列车，而且只短期使用数次，
詹天佑决定暂时疏铺轨木；岔道借用关
内外的旧钢轨；沿路各桥梁跨度不大，就
先采用木结构的便桥。这些权宜措施，
既可暂解材料缺乏之难，又不误工时、缩
短了工期。等谒陵结束，有充裕的时间和
材料时再加固全路。显然，这是一个十分
正确而适用的施工方案。

西陵铁路（即新易铁路）如期完工，
袁世凯查勘验收时十分满意。1903年4月
5日（光绪二十九年三月初八日），慈禧太
后、光绪皇帝一行，浩浩荡荡乘坐火车祭

祖。慈禧对新造的西陵铁路赞赏有加，
特地向主持建筑西陵铁路的总工程师詹
天佑与驾驶慈禧专列火车的司机张美赐
予奖赏。她将其乘坐的专列车厢中全部
陈列品作为奖品，赏赐给詹天佑。詹天佑
在为数众多、琳琅满目的奖品中，只取了
一只小座钟作为纪念，其余的全部分发
给了全体筑路人员。

西陵铁路建设于清政府意识到铁路
重要性，大举建设铁路时期。然而，全国
近七成的铁路都是由列强直接投资建筑
与管理；另三成由清政府管办自营，但大
多数都为清政府向列强各国借款，且
聘请外国工程技术人员修建。因而，
新易西陵铁路作为第一条用中国
款，中国技术人员修建的铁路，具
有特殊的历史意义。

四、大显身手　名扬天下

（一）京张铁路

1. 接受重任

张家口距北京约200公里，自古以来就是连接华北与蒙古、通往西北的交通要冲，满族与蒙古王公关系亲密，入主中原后，张家口便成为王朝与蒙古频繁来往的必经之路。不仅如此，张家口在政治、军事上发挥着举足轻重的作用的同时，也成为北京和蒙古商旅们货物往来、互通有无的中转站和集散地，蒙古一带的皮毛、羊马，南方的茶叶、布匹等货物贸易数量很大。虽相隔仅仅200余公里，但是，中间却阻隔着太行山余脉军都山，即居庸关天险，使得这条交通要塞一直艰险难行，给来往行人带来诸多不便。修建一条由北京通往张家口的铁路，既具有重大的政治军事战略作用，也能带来可观的经济效益。

八国联军侵华以及日俄战争之后，帝国列强在中国的势力范围瓜分基本完成，各方力量形成均势。另一方面，外国

对中国的殖民统治严重损害了中国人民的权益和尊严；铁路运营带来的巨大利润也刺激了地主和商人对铁路投资的热情。加上当时人们对铁路的认识已经彻底摆脱了传统思想的束缚，铁路事业从而进入了一个新的发展时期，各省的绅商掀起了连续数年的向列强收回铁路权益、由中国商民自办铁路的高潮。清政府也设立商部来管理铁路，并向民间资本开放路权。在这样的大潮下，中国朝野很快将目光集中到了建设京张铁路上。民间和各国列强都揣摩到了清政府的这一动机，纷纷进言献策，主动请缨。尽管如此，这毕竟触及到统治的肋骨，政府宣称"京张铁路关系重要，应由国家自行筹款兴筑，不得由商人率意主办"，将各方的申请一一驳回。

京张铁路真正被提上日程是在1904年。时任直隶总督的袁世凯最先提议政府筹备兴建京张铁路，并建议用关内外

铁路盈利的一部分作为资金。提议很快得到了批准，并任命袁世凯负责督办。而当时关内外铁路是向英国借贷修建的，利润都放在英国的银行里，要想拿钱须经英国同意。英国其实也并不反对，觉得这是将自己势力伸向蒙古与中国西北，对抗盘踞在中国北部的沙俄的绝好时机。所以英方提出，京张铁路要作为关内外铁路的西北延伸线，且必须由英国人担任总工程师，主持勘测、设计和施工。袁世凯亦无异议，双方达成协议，由关内外铁路局的英籍总工程师金达负责。

　　但是，协议很快就遭到了俄国的反对和抗议。甲午中日战争以来，俄一直视中国的长城以北地区为自己的势力范围，怎么容得英国人把铁路伸到自己地盘上来。俄要求清政府解除金达总工程师一职，由俄国人担任。英方亦不同意。双方相持不下，最终清廷折中，提出京张铁路由中国自行筹款建造，不与他国相干。英俄同意，清廷才最终拿回自主权。

　　当时，世界各国都普遍认为，京张铁路穿越险峻复杂的军都山关沟段，修筑工程空前艰巨，甚至很多国外专家都望而生畏，更何况是没有优秀工程技术人员和修路经验的中国。以至于有一些西方报纸公开讥讽："中国造此路之工程师尚未诞生。"

　　当时放眼海内，在为数不多的铁路工程技术人员中，詹天佑无疑是最好人选。无论知识还是经验在当时都是首屈一指，新易西陵铁路的技术水平和成功经验使他声名鹊起，也顺理成章地于1905年5月被任命为京张铁路的总工程师。

在清廷和英俄的同意下，资金、督办、工程师、技术人员、工人，一切很快就绪，赶快开始整地铺轨吧。不，其实真正的准备才刚刚开始。修筑铁路并不像大家看到的那样简单地把两条平行铁轨无限延伸。为了节约资金，缩短工期，降低施工难度同时兼顾经济价值与收支效益，它需要经过反复地实地勘测选线，避开湍急的河流和陡峻的山体，精确地测算和科学的勘路报告，然后根据报告进行详细的造价评估，以便合理地分配人力、物力、财力等资源。

2.勘测选线

接到任命后，詹天佑立即组织勘测队，由天津到达丰台，开始对京张铁路全线进行勘测。由于当时中国铁路工程技术人员极少，在勘测队里仅有两名队员懂得技术，能真正充当詹天佑勘测的助手。

詹天佑一向认真严谨，在勘测南、北沙河时，向当地人详细了解此河在历史上的最高水位、水流情况等，初步估算了设计桥长，孔数和跨度等，并将每天的勘测和调查结果及自己的初步设计，一一记录在手册上。铁路所经过的每一块区域都会再三勘测，并在同一区域找出一些其他方案，逐一比较、排除，挑选最合适的路线。

在京张铁路的选线上，最艰巨而又必须得攻克的，就是一直被外国人认为中国不可能完成的任务——关沟地区。所谓关沟地区，是指太行山北部余脉军都山的一条隧道。关沟地区处处崇山峻岭、悬崖陡壁、巨壑深涧，有居庸关、八达岭等著名的高地，其中八达岭高耸入云，雄伟的长城从山脊上蜿蜒盘向远方。从关沟地区的南部入口——南口，到八达岭，南北相距不到20公里，但高低相差却有180丈，坡度极陡。自八达岭向北，地势稍缓，行数里至岔道城。高山巨壑中蜿蜒着一条约20公里的狭长曲折的通道，东

西走向，从南口直至岔道城。其间流淌着一条溪流，俗称关沟。在如此高山深堑间修筑铁路，在当时的条件下是极其困难的。

勘测到南口关沟段最高点八达岭路段，山体在那里向前后两个方向顺坡而下。詹天佑面临着一个抉择，要么开凿一条长隧道，要么截去长城一段。选择后者，工程难度将大大降低，并节省不少开支，他也能轻松复命。可事实上他最终还是毅然开凿了著名的八达岭隧道。

詹天佑花了整整24天完成了京张铁路全线的初步勘测与估算。其间，他兢兢业业，一丝不苟，亲自背着标杆、经纬仪等测量工具，穿越于悬崖峭壁之间。夜晚整理资料，核实数据，设计绘图，比较路线。

初步勘测完成后，詹天佑考虑到关沟地区过于险峻，工程艰巨，竣工后火车的通行能力和维修成本等问题，决定返

回北京时进行复测，试图寻找一条更理想的路线。复测完成后综合各方因素，认真评估，再三比较，初步形成如下的勘测报告：

工程分三段：第一段由丰台至南口，长104里。由丰台站外柳村起，经彰仪门，拟先就关内外铁路原开发的路修建，再延至南口。此段平坦，施工容易。

第二段由南口经关沟、八达岭至岔道城，长约33里，坡度最陡。由南口至八达岭，高低相差180丈，难以铺设轨道，须开凿山洞隧道。机车经石佛寺引上山，入青龙桥东沟后再折返穿过八达岭，形成"之"字形线路，这样可延长坡面，减少坡度，而且可大大缩短八达岭隧道的长度，仅3580英尺，比初测时的设计（约6000英尺）缩短近一半。竣工后在南口与岔道城两处，须多备机车一辆，用于上下斜坡时用两机车助推。

第三段由岔道城经怀来、宣化到张家口，长223里。沿路多良田，地价昂贵。响水堡至宣化间的鹞儿梁段，绕辛庄子迤西山嘴；在宣化至张家口间的石嶅子段，绕行沙岭子山嘴。

在勘测路上，詹天佑在居庸关与到张家口游猎归来的金达相遇。金达趾高气扬地说："中国人不能承担开挖山洞工程，因为中国人缺乏压缩空气机械设备以控制地下水，因而必须采用外国包工。

我愿提议日本包工，因为他们具有所需的机械设备，且包工价比其他国家便宜，我愿招人投标承揽合同。"面对金达的提倡，詹天佑断然拒绝了。

3. 准备

1905年6月18日，全线勘测完成后，詹天佑回到天津，历时十多天，编写了测量调查报告、各项经费预算，绘制了测量平面图、截面图等，并于7月初呈送袁世凯审批。测量调查报告是每条铁路建造中必须形成的文件，报告包括铁路沿线的地质地貌，工程设计，工时工费，以及养护维修，收益评估等。是向政府申报项目批准及建造与营运的依据。

詹天佑还多次面见清政府要员，汇报勘测情况，阐述设计方案。当问及是否有困难以及我们中国人能否修筑这项工程时，"真正的困难是在八达岭，那里需要开凿一座山洞。"詹天佑明确地回答，"我们中国人能够修筑此项工程！"

　　不久，詹天佑建造京张铁路的计划
与预算就得到了批准。工程在他的一手
筹划调度下，很快就走上了正轨。但工程
正式启动之前，依然还有一系列前期准
备工作不得不做。从土地的征用，经费
的筹措，到材料、机车、设备等的购置，
再到人才的调配，施工队伍的组建……
事无巨细，他必亲力亲为。为了尽量节省
开支，防止不合理的支出，避免亏损与浪
费，他购置设备材料也总是亲自与外商直
接洽谈签订合同，鉴定质量规格。

在征地过程中往往要涉及到一些
官僚、贵族、地主的房屋宅地、祖坟动迁
等，关系到风水、地脉时会遭到强烈的
对抗与阻挠。尤其在北京附近，大都是
各王府、贵族、皇室及其亲眷的地盘，常
常恃皇亲国戚、八旗世族等权势或官场
关系，拒绝出让土地。例如，京张铁路在
清河镇，要通过满族贵族广宅的坟院。广
宅是镇国公载泽的亲戚，在朝野势力很
大，他为保住自家的风水宝地，坚决不让
铁路通过，还雇人卧在线路上来阻碍施
工。而当时这块区域，北面是郑王坟，南
面是宦官坟，西面是慈禧父亲桂公坟，大
改道需花费大量时间和经费；而且此例
一开，今后征地将更加困难。广宅坚持要
改道，又向邮传部官员行贿。詹天佑得知
后，十分生气，以自己的去留向邮传部力
争，一定要按原定线路施工。最后因以镇
国公为首的五大臣被炸，载泽吓得不敢
出门问事，广宅才因失去靠山而同意经其

坟墙以外通过。

4. 首段告捷

经过一系列的前期准备以后，1905年10月2日，京张铁路工程正式开始动工兴建。

按照詹天佑在勘测报告中制定的施工规划，京张铁路的第一段建筑工程是从丰台至南口，起点是柳村。这一段地势平缓，全长约104里。路基顺利建成后不久，1905年12月12日，詹天佑带领工程师陈西林等人来到柳村工地，主持铺轨开工典礼。在筑路工人和围观群众的一片欢呼声中，詹天佑在路轨上打入了第一颗道钉，接着陈西林工程师打入对面钢轨外侧道钉，随后全体工人一拥而上，铺轨正式开始。

当时，铺轨工程是相当艰难的，工地缺乏机械设备，没有机车和车辆运送钢轨，只好用线路摇车以人力推送钢轨到施工地点。在铺轨的第一天，工地上就发生了一场意外：工程列车中的一节车钩折断，造成车辆脱轨，工人了费九牛二虎之力才将其扶正。消息传开，有不少人认为京张铁路出师不利，对工程充满了疑虑。还有些原本就不看好中国自主修造铁路的人，借此大做文章，散播谣言，动摇人心。

詹天佑到事故现场认真察看，对断裂的挂钩进行研究，断定问题出在连接工程车车厢的挂钩上。断裂的挂钩是使用多年的旧式链子车钩，只能在平地行驶，无法承受大坡度线路的拉运。得知西方铁路中正在推广一种性能优越的新型自动式挂钩后，他对这种挂钩的构造进行分析，发现能够满足关沟地区在大坡道上，铁路铺设、火车开行对车间挂钩提出的更高技术要求。于是他毫不犹豫地在京张铁路上引进并使用这种自动挂钩。实践证明，这种自动挂钩不仅灵活，而且非常牢固，具有旧式车钩无法比拟

的优越性，并很快就推广应用到了全国的铁路线上。

在詹天佑的指挥下，工程进展顺利，开工不到一年，1906年9月30日，京张铁路首段丰台至南口段建成试运。这天詹天佑还特地邀请众多宾客和官员，举办了盛大的通车典礼，以鼓舞上下士气。

5. 克服天险 战胜难关

首先要克服的天险，就是关沟地区，而难关是开凿隧道。关于天险，之前已经介绍。开凿隧道，在当时是一项十分危险的工程，各个地区地质地势复杂，石层性质、土质种类千差万别，在山体中大规模

进行爆破、挖掘作业，很容易土质疏松，或地下水渗漏引起坍塌。洞中通风性差，容易导致施工人员呼吸不畅，甚至晕厥。因此要求配置各式开山机、抽水机、通风机等设备，开工前需工程技术人员进行一系列复杂而精确的测量和计算，并作出准确的设计方案。开工后，需要经验丰富的工人严格按凿线各设计方案进行施工。而无论是设备还是人才，在当时中国都是极为紧缺的。

詹天佑深知山势陡峻、地形复杂的关沟地区是整条京张铁路最重要、最艰巨的一段。多次勘测最终选定的路线要穿越居庸关、五桂头、石佛寺、八达岭几座高险的山峰，需要开山凿洞，填壑铺路。尽管詹天佑为节省经费，减少工程困难，想方设法来减少隧道工程，但由于考虑到减小坡度，保障列车的牵引力和安全等因素，最终还是不得不面对居庸关、五桂头、石佛寺、八达岭这四条横穿高山峻岭的隧道工程。

虽然不可避免，但还是可以尽量缩短隧道长度，减少工程量。詹天佑在这上面下了很多工夫，如在八达岭创造性地设计了著名的"之"字形线路，使原计划隧道缩短了一半。即便如此，八达岭的隧道工程属当时国内首例，是世界铁路史上罕见的。另外居庸关隧道地质复杂，工程也相当艰巨。

首先开通的是两条比较短的隧道——五桂头隧道与石佛寺隧道。它的顺利完成，不仅鼓舞了大家的士气，更重要

的是积累了宝贵的技术与经验。之后，詹天佑率领员工开向最艰巨的居庸关隧道与八达岭隧道。

对居庸关隧道的开凿，詹天佑亲自勘测定线，并指导施工。为加快进度，原拟采用中距离垂直凿井法施工，但他考虑到这里山势高，岩层厚，距洞底距离太长，若在隧道中点垂直凿井再分开向两端开工，施工难度极大。詹天佑逆向思考，从两端同时向中点开凿。但按这种方案施工的话，最关键的是准确定线。他经过精确测量与定点，运用扎实的工程学知识与方法，巧妙地解决了这一难题。居庸关隧道工程中段的核心部分，土石松脆，又遭逢雨季，泥沙俱下，土石坍落，不能使用炸药。詹天佑用大型方木，依次支撑，并用小钢轨穿插其间，一步一步推进施工。

八达岭是关沟最大的一处天险，在对它进行勘测设计时，曾有两个方案：或截去长城一段，或再开凿一条隧道。经再三考虑比较，最终确定了开凿隧道的方案。

但要想在高峻陡险的八达岭上开凿隧道谈何容易。尽管在设计隧道时，詹天佑巧妙地提出了自青龙桥起采用"之"字形线路，以减缓坡度，缩短隧道长度，但最后定线时，八达岭隧道长度仍达3580英尺。如果按居庸关的施工方法，不仅会影响工期，也极难准确把握隧道方向。因而他决定采用直井法施工，即在两端开

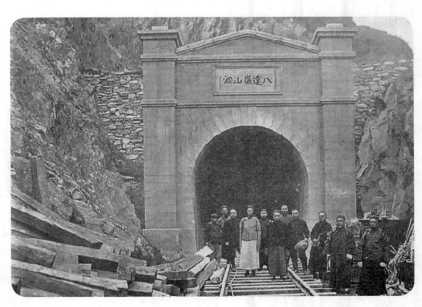

凿的同时，另在隧道上方山岭上开挖大、小直井各一座，垂直而下，直至与隧道深度平齐，再向两端开凿。这样一来，就同时有六个工作面在施工，大大加快了施工进度。

八达岭隧道于1908年5月22日全洞开通。在整个开凿隧道的过程中，詹天佑经常亲自带队现场施工，并精心安排各类人员，使人员配置得到优化。对炮眼的大小、方位、深浅，以及装药的分量都亲自把握，以防事故发生。它的顺利竣工，不仅为整条京张铁路的如期完工提供了保障，也向世界展示了中国独立修建铁路隧道的能力。

6. 不辱使命，提前通车

1909年10月2日，在中国铁路建设史上是一个值得纪念的日子。这一天，是中国第一条自主铁路——京张铁路，动工四周年纪念日，同时也正是在这天，京张铁路举行了通车典礼。这天的南口，人声

鼎沸，热闹非凡，汇集了全世界的目光。这是以詹天佑为首的中国工程技术人员与中国工人，完全用自己的技术与智慧，用中国自筹款项，独自自主修建的第一条铁路干线，其工程难度之大为中国乃至世界所罕见。

京张铁路的顺利竣工对当时的中国具有重大意义。半殖民地的中国，铁路总长度并不算少，但绝大部分由外国资本直接控制，或由外国资本插手控制股权、工程技术权与经营权等。而由中国政府或中国商办公司主持修建的铁路极其有限。这严重损害了中国的政治权利和经济利益。

另一方面，当时许多人都不相信中国人能自主修建铁路，甚至在京张铁路开工之后，嘲笑与诋毁纷至沓来。在居庸关隧道与八达岭隧道建设的一年多时间里，西方、日本等国工程技术人员常常以行猎为名，来偷窥工程情况。回去后用各

种名目来中伤京张铁路的修建工作。例如八达岭隧道进入关键阶段时，西方媒体在报纸上刊登了一则谣言"有一百多人在八达岭山洞中丧生"，意在煽动人们对詹天佑修建京张铁路的不信任和对滥用人力、残害民生行为的愤怒。

在这样的情况下，詹天佑修建的京张铁路不仅顺利完工，而且提前、高质量地竣工并实现通车，既是中国铁路建设史上一次振奋人心的创举，更是使外国人对中国刮目相看的奇迹。

京张铁路工程空前艰巨，而詹天佑为保证工程质量与山路行车安全快捷，所用铁路建筑材料、设备、机车、车辆等，均要求严格，标准很高。但詹天佑与中国技术人员直接管理工程、包工与材料设备采购时，精打细算避免浪费。如在"之"字形轨道上，为保行车安全，增加车的牵引力，在采购时毫不犹豫地花钱购买外国"2—8—8—2"型活节马莱大马力机车。而在采购车厢时，又顶住外国的压力，到各家商行查明价格，最终决定购买唐山机车厂生产的列车车厢。正因如此，京张铁路远比以前建筑的关内外铁路与同时期建筑的京汉、沪宁、津浦等铁路工程艰巨，而其建筑费用却远低于这些由西方国家主持修筑的铁路。建筑成本每公里费用仅为京汉铁路的一半，沪宁与津浦铁路的近三分之一。比计划整整提前三年竣工的京张铁路，在克服难度、缩短工期、优化质量、减少耗资等方面上所取得的巨大成功，为京张铁路赢得世

界瞩目的同时，也奠定了詹天佑在中国铁路史上不朽的地位。

（二）汉粤川铁路

包括汉口至成都的汉川铁路和广州至汉口的汉粤铁路。

京张铁路建成以后，詹天佑威名远播，也更加繁忙紧张。曾同时应邀担任了四条重要铁路干线的建设要职。分别是张绥铁路、四川商办川汉铁路、广东商办粤汉铁路、河南商办洛潼铁路。身兼多职的詹天佑往来奔波于张家口、大同、北京、洛阳、广州、汉阳等地，足迹遍及大江南北，实地勘测，调查访问。虽已年过半百，常常感到力不从心，但他仍以饱满的热情跋山涉水，兢兢业业，为中国铁路事业尽其所能。

还在京张铁路的施工

阶段，詹天佑就已经得知要主持修建其
延长线——张绥铁路。该路所经山西大
同一带是中国煤铁矿藏最丰富的地区；
归绥(今呼和浩特)则是内蒙地区的首府，
人口众多，又是通向包头与河套地区的
必经之路。因此张绥铁路的修建具有重
要的经济、政治与国防意义。

洛潼铁路是由河南洛阳至陕西潼关
间的铁路，全长约240公里。在清政府向
比利时借款修筑开封至洛阳间的汴洛铁
路完工前后，河南民众就要求集商股自
行修筑洛阳至潼关的洛潼铁路。1907年
获清政府批准，1908年商办洛潼铁路公
司事务所、董事会及工程处先后成立，并
聘请詹天佑为工程顾问。洛潼铁路第一
段自洛阳至渑池，第二段自渑池至张茅，
第三段自张茅至潼关。

而汉粤川铁路，在这四条铁路中工
程艰巨、政治经济意义重大，且各方面利
益关系复杂。

1. 川汉铁路

有"天府之国"之称的四川，地处中国西部，但对外交通十分险阻，自古就有"蜀道之难，难于上青天"之说。外国在瓜分完东南沿海及长江流域之后，对这块物产殷实的天府之国觊觎已久，都想通过揽包铁路来控制此地区的交通与物资。19世纪末，中国掀起铁路建设高潮以来，四川各界人民也热切盼望能早日建起通往外界的铁路，变险阻为通途，以促进资源开发，物资交流，发展经济，使百姓获益。但四川人民坚决抵制外国资本染指四川铁路。1904年清政府批准在成都设立"官办川汉铁路公司"，规划川汉铁路的修筑事宜。

当时四川各界都认为，要维护铁路路权，不仅要严防外交渗入，还要聘用本国人为总工程师，否则让外国工程师掌握全路工程技术大权，势必失去主动权。而当时詹天佑在中国工程界已享有

盛誉，因而自然成为首选目标。四川总督
"奏请简派詹天佑为全路总工程师"。
此时，詹虽正忙于指挥京张铁路，不能立
即前往四川。到了1908年，京张铁路关键
工程已经完成，即将顺利竣工之时，四川
再次奏请清廷准派詹天佑为川汉铁路总
工程师，并得到了批准。詹天佑被任命为
商界川汉铁路公司总工程师兼驻宜昌会
办。但到京张铁路即将竣工前夕，清廷又
任命詹天佑担负张绥铁路与津浦铁路参
议等职。消息传开，川汉铁路公司和四川
各界都特别担心詹天佑能否到川任职。

　　其实，詹天佑自1908年11月任川汉铁
路总工程师兼驻宜昌会办后，一直十分关
注川汉铁路工程，经常用书信保持与川
汉铁路方面的联系，及时了解筹建情况，
并就工程开工前后的各项事宜，给予具
体指导。

　　1909年10月，京张铁路通车后，詹天
佑于11月南下宜昌，在12月10日主持商办

川汉铁路首段工程宜昌至万县的开工典礼。礼毕后，詹天佑又马不停蹄地赶回北京，一方面主持即将动工的张绥铁路的勘测选线，一方面则为川汉铁路招标定购器材，并将在京张铁路建设中培养成长起来的一批年轻可靠的工程师分批派往川汉线上。

从1904年开始筹建，到1909年正式破土开工，川汉铁路公司由于经费问题，在民间绅商与政府的较量中，由官办改为商办。其间错综复杂的关系也为以后川汉铁路的搁浅埋下了伏笔。首期的宜万段要穿越长江三峡数百里的险峻山区，工程的长度与难度都大大超过京张铁路的关沟地区，在当时中国工程界的设备与技术条件下是难以完成的。何况川路公司的工款项又严重不足。据估算，路工需银5000万两以上，而公司经数年努力，实

际筹款也不过1100万两。更为棘手的是，商办川汉铁路公司内部各派的矛盾与斗争，造成公司内部管理混乱、腐败成风，事故迭生，经常发生挪用公款的事。另一方面，作为总工程师的詹天佑和一些技术人员，本应拥有的各项职权，却迟迟得不到保障，在人事调动、器材定购等事项上，处处受束缚，才能得不到施展，致使工程无法正常进行，川汉铁路施工进程缓慢。

2. 粤汉铁路

1905年，在主张收回铁路路权，自主修路的热潮中，清政府就允许三省绅商分别集资，设立铁路公司，分三段修建粤汉铁路。但三省的具体筑路情况却各不相同：湖北为官办、湖南为官督商办，广东因绅商势力大，又有华侨支持，资金充足，实现了商办，成立"粤路公司"，负责筹建事宜，并于1906年首先开工建设粤汉铁路的广东段工程。

但当施工进行到源潭后,地势日渐险峻复杂,施工难度大增,加上粤路公司内部矛盾突显,派系争斗,导致路式放任,管理混乱,浪费与贪污盛行。这引起了股东们的强烈不满。

就在詹天佑正为川汉铁路建设中因受到种种人事掣肘而发愁时,广东商办粤路公司举行股东大会,以得票多少推选公司的总理与协理,结果詹天佑以得票最多当选总理。詹天佑愿意为家乡出力,欣然接受邀请,并于1911年初到广州赴任。他请原粤路公司总工程师邝孙谋接替张绥路的总工程师一职,自已开始投入粤路的建设。詹天佑首先对公司各机构人员进行整顿,又对施工纪律作了严格规定。这一系列的措施使得整个粤路工程风气焕然一新。

3. 遗憾

好景不长,正当粤路工程初显成绩时,1911年5月9日,清政府颁布全国商办

铁路干线收归国有的上谕，接着又与英、法、德、美四国银行签订借款合同，将粤汉、川汉两路路权出让给外国。这一卖路媚外政策激怒了各省绅商，保路运动如火如荼地展开。1911年10月10日武昌起义爆发，清王朝土崩瓦解，各地一片混乱，铁路建设也陷入全线停顿。粤路在以孙中山为核心的革命党人的支持下得以迅速恢复。全国铁路以赎买的方式收归国有，詹天佑的工作恢复正常。

　　1912年7月，詹天佑应邀赴上海商讨筹建粤汉铁路粤、湘、鄂三省协同进行、加快进展的事宜，并借机考察了湘、鄂的施工情况。之后，詹天佑被任命为国有粤汉铁路会办，仍兼商办

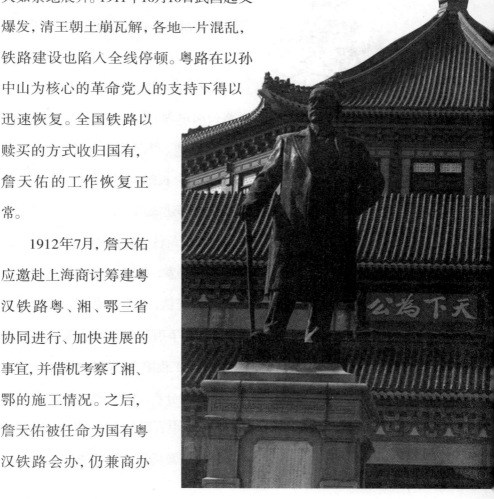

粤路公司经理。不久,他回到广州,处理好粤路公司的一些工作后,于12月到达武汉,正式就任国有汉粤川铁路会办。这一时期,他仍继续兼任主持商办粤路公司,至1913年年中,他才正式辞去商办粤路公司总理兼总工程师的职务,专门担任职务。

詹天佑辞职后,由欧赓祥继任商办粤路公司总理,原副总工程师容祺勋升任总工程师。粤路于1916年6月修至韶关,至此,全长224公里的粤汉铁路的粤段工程全部建成通车。

詹天佑就任国有会办后不久,第一次世界大战爆发,英、法、美中断了对汉粤川铁路的贷款,只能依靠德国少量的贷款;同时战争引起建筑材料及设备价格飞涨,整个工程陷入了资金短缺的困境。詹天佑冷静分析,统筹规划,采取就款计工策略,集中有限的财力、物力,确保重点项目的正常施工。最终决定先暂停施工其他各段，将材料、设备、资金调出支援粤汉路湘鄂线上的武（昌）—长（沙）段与川汉路汉宜线的汉（口）—皂（市）段。然而到1917年8月，中国对德宣战，断绝了一切借款，德国工程团也被召回国。汉粤川铁路建设基本陷入瘫痪。

詹天佑在1912年至1919年间，主持汉粤川铁路工程建设，虽殚精竭虑，兢兢业业，艰难支撑，终因一战爆发及国内时局动荡，经济落后，资金得不到保障，到1919年4月去世，也没能亲眼见到汉粤川铁路通车。

1923年，以孙中山为首的广东军政府以商办粤路公司"办理腐败"，将粤路接收。30年代初粤路再次复工，于1936年6月与湘鄂段接轨。这样，历经磨难的粤汉铁路，自1906年开工，至1936年全线通车，历时30载，成为连接南北的大通道。而川汉铁路更是在新中国成立以后才得以重新建设完工。

五、老当益壮 贡献革命

(一)成立中华工程学会

詹天佑在全身心地投入祖国铁路建设事业的同时，还关注国家工业各行的发展，重视各行各业人才的培养和学术的交流。詹天佑所创建的中华工程师学会就是旨在推动工程科技人员互相帮助扶持的协会。

1912年初，詹天佑正在广州主持商办粤路公司。出于以上目的，他牵头组织

成立了"广东工程师会"，并被推为会长。此时，川汉铁路副总工程师颜德庆与濮登青、吴健等人，与詹天佑不约而同地在上海成立了"中华工学会"。但是"中华工学会"入会资格限制十分严格，未能收到普及的效果。为补其不足，洛潼铁路领袖工程师徐士远等人则发起组织"路工同人共济会"。二协会都邀请詹天佑为名誉会长。詹天佑收到请函，认为"广东工程师会"、"中华工学会"和"路工同人共济会"这三个协会实质基本相同，一国三会殊无必要,于是复函曰:"三会宗旨不谋而合,与其分道而驰,何妨合力以进。"这一意见得到三会人员的同意。一年多的筹备之后,1913年8月,各地工程师代表集聚武汉汉口,"中国工程师会"正式成立。詹天佑被推选为会长,颜德庆、徐士远被推举为副会长。

詹天佑规定该会宗旨是"以发扬学术为唯一之要图",旨在建立一个多学科性的学术团体。会员所涉及的领域包括土木、建筑、水利、机械、电机、矿冶、兵工、造船、窑业、染织、应用化学、航空共十二种学科,基本囊括了我国早期工程事业的学科范围。詹天佑任会长一职,十分重视科技人员保持知识的先进性和科技人员相互的学术性交流。他组织将协会出版的《中华工程师会会报》改年刊为月刊,重点发表各地工程科技人员的学术研究成果、工程论说与试验研究报告以及国际、国内最新科技动态、发明成果

等。

从1913年中华工程师会正式成立到1919年詹天佑逝世，这六年多的时间里，詹天佑曾多次请辞会长一职。

按照"中华工程师会"的会章规定，会长等职务任期为一年。在1914年的第二届常年大会上，詹天佑诚恳地要求不再连任会长。但当时没有人比詹天佑影响力更大，更能挑起振兴工业的大任，大会再三决议后，仍推选詹天佑为会长。詹天佑只得要求在修改会章时，增加会长选举连任以一次为限的条款，但未通过。连任会长之后，詹天佑总结了大会这一年来的成就，高度评价了工程师会的作用，并向广大会员提出了希望，说："予尝以为工程师会者，乃吾人关系极密之一端，寝馈未尝或忘，昕夕萦诸志虑。"第二年，大会更名为"中华工程师学会"。

1915年12月，中华工程师学会举行第三届常年大会。詹天佑力辞连任，特意在大会前写了一封请辞恳切的信函发给会员，以表明心意。但在常年大会上，詹天佑仍以82票的高票当选为会长。此次詹天佑虽经会员一再挽留，仍坚持不连任。后武汉职员征求外埠各理事意见，赞成挽留者居多数，并再次召开职员会表决，詹天佑才不得不答应连任。同年3月，为进一步发展中华工程师学会，发挥其作用，詹天佑提议将学会会址迁往北京。这一提议得到代表们的一致同意。詹天佑带头捐款，在北京西单牌楼报子街新建会址。新址于1918年7月正式使用。在迁入新址之前，中华工程师学会总会迁往

北京,暂租赁北京南河延石达子庙欧美同学会事务所内东房作为办公场所。

1916年7月,詹天佑发表公告恳请不再连任会长,表示自己"当以前会长资格,随诸君子后,以谋会务之进步也"。在10月召开的第四届常年大会上,詹天佑虽仍得票最多,但如愿不再连任会长。

1917年大会再次换届选举时,詹天佑再次被推举为会长。次年仍被推举连任,直至1919年4月病逝。

在詹天佑的领导下,中华工程师学会影响力越来越大,成为中国近代成立最早、人数最多、学术水平最高、发挥作用最大的一个科技人员的社会团体。大会会员们之所以对詹天佑一再挽留,不仅是因为詹天佑个人的成就和影响力,还因为詹天佑工作尽心尽职,对大会倾注了很多心血。他在弥留之际向北京政府大总统所上《遗呈》中,提出了自己耿耿在心的三点希望,其中第一点就是关于中华工程师学会的未来发展，他写道："中华工程师学会被举谬充会长，曾上书请提倡奖励。窃谓工程学会影响于中华实业至要且宏，兴国阜民。悉基于此，仍恳不弃，有以振奋而发扬之。"可见其对学会的一片深情和无限希望。中华工程学会的会员们在这里吸收养分，理论知识日臻深厚，成长为中国工程界的栋梁之材。

(二)总结经验、提倡教育

詹天佑从小热爱动手实践。孩提时代的他就以拆卸机械为乐趣。在美国留学时，更是接受了"在实践中求希望"的班训，重视实践经验贯彻在他一生的工作当中，并贯彻在对青年技术人员的教育当中。

詹天佑在中国近代首倡先进的实践教育思想，他明确提出工科"既需学问，尤重经验"。

　　中国古代历来的教育方法是书本教育与课堂教育, 轻视实践, 脱离实际。这种教育模式产生了许多口若悬河, 满腹诗书, 却五谷不分, 毫无动手与实践能力, 更无发明与创新能力的学生。这也是中国古代科技与经济长期停滞不前的一个重要原因。詹天佑说: "优秀的工程科技人才, 应是理论知识与实践经验并重。若没有掌握近代系统的科技知识, 固然不能成为优秀科技人才; 而仅有书本知识而没有实践经验, 同样不能成为优秀科技人才。"正是在这种思想的指导下, 詹天佑养成了重视实践经验、一切从实际出发的优良作风与科学精神。在对青年科技人才的教育上，形成了"既需学问，尤重经验"的实践教育思想。

詹天佑充分认识到青年科技人才对于未来中国的工科事业的重要性，始终致力于对青年科技人才的教育。然而，当时国内并没有系统地培养工科人才的教育体系，詹天佑只得在工作的同时，在"既需学问，尤重经验"的思想指导下，尽自己的力量教育青年技术人员。

对于有铁路建筑与管理的实践经验而未经系统理论教育的普通职工和青年学员，詹天佑指出他们的丰富实践经验是铁路建设中极其宝贵的财富，他一方面为他们安排适当的工作，一方面积极引导、组织他们学习工程理论知识。对于那些从各级各类学校毕业的"工程毕业生"，詹天佑指出他们虽有学历，但未经实践历练，不能算是合格的工程科技人

才。他要求他们从基层做起，在实践中成长，丰富经验。

在强调实践经验重要性的同时，詹天佑还呼吁工程学科技人员要终身教育、互相教育，掌握最先进的科学技术，保持思维的先进性。

詹天佑创办中华工程学会会报即体现了这一思想。他指示将年度会务报告改为月刊出版，登载会员的学术研究论著，以促进工科学界的思想交流与互相学习。他为会报制定的宗旨是："统一工程营造规定、正则、制造，使无参差扞格之患；发达工程事业，俾得利于后生，增加社会之幸福；日新工程技术，力求自辟新途，不至囿于成法。"

詹天佑在不断学习、不停充实自己之余，还关心中国工程学界的未来发展，重视中国工程技术人员的教育，为中国近代工程学的发展，作出了不可磨灭的贡献。

（三）保路爱国

詹天佑之所以成为近代铁路事业的领头人，不仅是因为他卓越的工学理论和知识，更因为他具有一颗强烈的爱国之心。

早在詹天佑结束留学生涯，准备回国之时，就有美国籍的同学善意地劝他留下，对他说："贵国贫穷，既无筑铁路之器材，亦无筑铁路之人才。以君之学识，如应聘美、英，当可宏图大展；阁下之生活亦可丰裕。"詹天佑婉言谢绝了。对于少小离家的詹天佑而言，优越丰裕的物

质条件怎么可能比过魂牵梦萦的祖国？

他说："西方国家虽富，那是外国，我要学习其先进的科学知识，却不能眷恋其物质生活享受；中国虽贫虽弱，她却是生我养我的祖国，现在更需要我回去贡献所学，把她建设得富强起来。如不以所学报国，何以对祖国人民与家乡父老？"

然而，当时中国在列强铁蹄下惨遭蹂躏，铁路修建权因为其背后巨大的政治经济利益，被西方列强紧攥在手中。正如19世纪末沙皇俄国的外交大臣维特所

说："欧洲列强十分清楚，在中国保障经济势力的有力方法之一，是将铁路建筑权抓在自己手里。"甲午战争之后，中国的国际地位与国家实力迅速下降到可悲的地步，西方列强更露骨地疯狂抢夺中国铁路修建权。随着铁路权益的丧失，中国不仅流失了巨额资金，而且经济、财政、国防、行政、领土与人民的和平生活、生命安全都受到了严重损害。

20世纪初，越来越多的爱国人士看到中国铁路权益丧失的巨大危害与外国列强包藏的祸心。爱国情绪日益高涨，终于掀起了规模巨大、延续多年的收回路权运动与声势浩大的保路风潮。詹天佑立即以一位爱国工程师的身份，热情而积极地投入到这一伟大的爱国运动中。

1905年，詹天佑接受修建京张铁路的任务时，就豪迈地说："京张铁路既完全定为中国自办，所有工程全部概用华员，绝不借材他国。"通过他自己与中国

工人的艰苦努力,使京张铁路提前竣工,出色地完成了修建任务。这使中国自办铁路、维护路权的伟大事业迈出了艰难而又成功的第一步。

作为一位爱国工程师,詹天佑始终强调并争取中国人在铁路事业的掌控权,要保证中国的铁路权益,就必须保证资金、技术及人员的独立,绝不能让它落入外国列强之手。在日益高涨的群众保路斗争的影响与推动下,詹天佑维护路权的态度越来越鲜明。

1911年(宣统三年)5月,清政府冒天下之大不韪,强令将川汉、粤汉等商办铁路"收归国有",然后转手将路权出卖给英、美、法、德"四国银行团",以换取巨额贷款维持摇摇欲坠的反动统治。詹天佑得知后,心中忧愤交加,对清政府出卖铁路政策充满失望与怨恨,他激愤地写道:"广州现在处于一种愤激的形势中,我希望不会有严重后果,但我想恐将导致一场前所未有的巨大悔恨。"

　　然而，詹天佑只是一名技术工程师。他无力改变昏庸无能的清政府的决策，在愤激之余，他只能保存心里的一点希望，希望在祖国需要自己时，倾尽所学。

　　1918年，第一次世界大战结束以后，英、美、法等国卷土重来，与利用大战机会在中国大肆扩张的日本，展开了对中国的新的争夺斗争。西方列强准备在巴黎和会上共同提出《国际统管中国铁路说帖》，昏聩的北京政府在西方列强压

力下，提出了与其本质接近的《统一中国铁路外债方案》。这两个文件本质上都是列强全面侵夺与控制中国铁路权益、断送中国主权的亡国方案。当时担任民国政府交通部顾问的美国人贝克曾概括其本质为七个统一，即统一建筑，统一运输，统一材料，统一会计，统一车辆，统一语文，统一行政。也就是由"国际共管机构"，即英、美、法、日等外国列强势力共同侵夺与控制中国境内铁路的一切事务。

詹天佑立即以自己铁路总工程师的丰富知识、阅历与敏锐目光，严肃深入地研究了这一方案，他很快发现了这个方案所包含的巨大祸心以及对中国的巨大危害。当时身在俄国远东地区的詹天佑，按捺不住强烈的义愤与忧国情怀，致电巴黎和会中国代表团，坚决反对这一方案，并以自身在铁路上工作多年的经验剖析了此方案对中国的严重危害。詹天佑写

这封电文时，离去世仅有一个多月，已是病体沉重的他依然为国事奔走在严寒彻骨的俄国远东地区，可谓是为祖国利益，鞠躬尽瘁死而后已。此情之深切，令人震撼。詹天佑的电文发表后，全国各界反对国际共管中国铁路的声浪越来越高，终于制止了中国代表团向巴黎和会正式提出《统一中国铁路外债方案》，使《国际统管中国铁路说帖》阴谋破产。中国的路权与国权终于得到了维护。

詹天佑发自肺腑的爱国情怀,使之成为捍卫中国铁路权益的伟大实践者。他运用自己熟知的中国铁路情况,在每一个紧要关头,客观科学地剖析事情本质,为大众解读着每一次铁路权益斗争的真相,用一生捍卫着中国铁路的权益。

(四)代表中国政府出席
远东铁路国际会议

1919年,趁俄国国内局势动荡,西方列强及日本再次掀起重新瓜分在华利益的风潮,联合组织"协约国联合监管远东铁路委员会",监管俄国远东铁路及中国境内的中东铁路。詹天佑因具有从事铁路建设的丰富经验与知识,并在国际铁路界享有很高的名望与威信,被北京政府首选为监管委员会技术部的中国委员。

接到调令,詹天佑颇感为难。自1918
年秋季起,他即患上腹疾,几经治疗未
愈,还曾去京郊汤山进行温泉疗养。此
时,他已感到身体难以支持,此次去北满
与俄国远东苦寒之地,必定有诸多不适
应。加上要与多国代表周旋,在虎狼丛中
维护中国权益等诸多原因,对詹天佑而
言,此次任务是十分艰难的。詹天佑夫人
谭菊珍也劝他缓行,待身体康复、天气趋
暖后再去就任。但詹天佑想到事情紧急,

必须尽早赴任，尽力维护中国铁路的权利。于是顾不了那么多，匆忙起程。他先抵达北京，两次面见了交通总长曹汝霖，陈述自己的病况与赴北方工作的困难。随即赴会，为祖国利益，奔走于哈尔滨与海参崴之间。

在委员会，詹天佑据理力争，曾为争回中国在中东铁路的驻兵权与管理权多次发言。但由于中国国力衰竭，国际地位低下，詹天佑以整个身心付出的努力，结果只争得了中国工程师可以被中东铁路聘用这一点权利。他"每日莅会驱驰道路中，朔风砭骨，坚冰在须，饱尝艰苦。夜则治文书，研究议案，兢兢然唯恐国家权利稍受一毫之损失，心力交瘁，形神销损，旧病触发，惫不能支"。他还亲至海参崴一带的铁路线考察，他本已虚弱的身体迅速地损伤着，旧日未愈的腹疾复趋严重，只得请假回汉口就医。

1919年4月18日，詹天佑回到北京，

面见大总统徐世昌，报告远东铁路会议及交涉情形时，徐世昌见詹天佑面容憔悴，备加劝慰，说："君乃办大事之人，务宜为国惜身，加意调摄。"4月20日，詹天佑回到汉口家中就医。23日，詹天佑病情加重，自知无救，命家人准备笔墨，口述《遗呈》，呈民国政府大总统，文中陈述了他对中国铁路权益的维护，中国工程学后人培养等方面的意见。24日下午3时10分，詹天佑终因腹疾伤损，以至心力衰竭，溘然长逝，终年仅58岁。

六、铁路之父

(一)教育与人才

詹天佑六岁被父亲送入私塾念书,至十一岁赴美留学,五年期间接受了中国传统的封建启蒙教育。之后选拔赴美,在美国开放自由的环境中接受完整先进的教育之后,重回祖国的詹天佑最切身感受到的是祖国教育的落后。

1881年(光绪七年)的中国,仍沿袭着两千多年的传统,学习四书五经、八股

文，追求升官发财、光宗耀祖。所谓的文人们脱离实践、潜心于儒家思想，国内工科人才急缺。詹天佑眼见中国教育的落后现状和清政府的腐败无能，心情沉闷痛苦又无能为力。他只能在任教员时，倾尽所学教授于学生；后在铁路部门工作时，热情传授知识于身边好学青年。他在天津中国铁路公司工作时，就热心地帮助、指导青年司机张美系统地学习数学、物理等学科知识与铁路建筑、机车原理、维护、保养等专业技术，使张美后来成了一名优秀的铁路工程师。

詹天佑认识到大量优秀的工程技术人员对当时备受列强欺凌的中国，具有最迫切的意义与作用。他在一封致一位中国铁路工程师的信中，这样写道：

"中国应该训练他自己的工程师，当邝（孙谋）和我开始我们的事业时，如果就这样做，肯定会有成百的人，在其工作岗位上，比我二人更为能干。但是，他们得不到这样的支持……在所有事情中，最重要的是鼓励和帮助中国工程师。"

詹天佑无力改变中国的教育现状，但他确实尽最大的努力"鼓励和帮助中国工程师"。1905年詹天佑受命主持京张铁路路工程后，在艰难施工的同时，他摸索着在工程实践中教育、培养、考核、提高工程技术人员的新式教育工程。对这些年轻的、没有受过系统的铁路知识教育的技术人员，詹天佑关怀备至、诚恳接

待。他重视技术人员的深造,制订了中国第一份《升转工程师品格程度章程及在工学生递升办法》,实行逐年考核,按级提升,职责明确,奖惩分明的制度,充分调动了大家学习与工作的积极性。在詹天佑的言传身教之下,这些学员们很快都能独当一面,纷纷走向全国其他铁路上担任重要职务。后人有评价说,中国早年的铁路工程科技人才,多数都是经由詹天佑教育培养出来的。詹天佑"铁路之父"的名称,当之无愧。

1905年,詹天佑热切盼望的近代化教育改革终于启动了。清廷于这年9月2日(光绪三十一年八月初四)昭准自丙午科(1906年)为始,所有乡会试一律停止,各省岁科举考试亦即停止,并令学务大臣及各省督抚在全国迅速推广新式学堂教育。

1906年,经清廷批准,首次归国留学生毕业生考试正式举行,詹天佑以"通

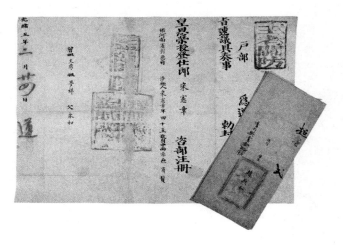

科学及外国文"之京外官员的身份，被清
廷选派参加留学毕业生考试，拟定中英
文考题，评记考卷分数等。

　　这次考试让关注教育的詹天佑十分
兴奋，他多次在给朋友的信件中提到这
件事。其中，在给他的美国老师诺索布夫
人的信中，他以喜悦的心情高度评价了
这次考试的重要意义。他说："这标志着
中国考试已经开辟了一个新纪元，以前
考试只用八股文，这终于废除了……每
个人都有平等的机会表明他的学识和才
能。我很荣幸能参加协助进行这第一次

考试。"在10月19日考试发榜当天，詹天佑还特地赶去将此次黄榜拍摄成照片纪念。

詹天佑发自内心地渴求人才，并希望青年人才投身于祖国建设中，不追求名利。1910年，詹天佑再次参与主考归国留学毕业生，在单独接见考生时，他曾语重心长地说："我们留学外国，获得了一些知识技能，要做一点事贡献国家。如果要做官，就不能做事，想做事，万不可做官。"

詹天佑希望青年人才不追求名利，只是他对青年人道德要求的一个方面。詹天佑一贯严格要求对青年学员与科技人才的品行道德的培养，"必须先品行而后学问"。

詹天佑在著名的《敬告交通界青年工学家》一文中，就专门提出"进德"一节，对青年科技人员的德行提出了明确要求。他说：

　　"道德者人之基础也。学术虽精，道德不足，犹筑高屋于流沙之上，稍有震摇，无不倾倒。欧美富强，实普通人民，皆守自然道德所致也。近世人心浇薄，古道难行，毁谨厚者为迂腐，誉巧辩者为能才。而我工学家以实业为根本，切忌浸染于狂流，杨震四知之说，阳明良知之谈，乃道德最精之义，为吾人必守之箴。"

　　抱着这样一种想法，詹天佑提出了针对工程科技人员升转的"品行资格"

要求，"洁己奉公，不辞劳怨。勤慎精细，恪守范围。志趣诚笃，无挟偏私。明体达用，善于调度"。这是中国近代最早的一份关于培养工程技术人员在品德方面明确而具体的要求。詹天佑重视青年科技人员品格的教育和规范，贯彻了其一生。他在病榻上写的《敬告交通界青年工学家》一文中，更是多加阐述品德修养对于科技人员的必不可少性。

詹天佑的教育思想，具有先进性和全面性。对立于封建腐朽不实用的传统教育，詹天佑大胆实践了对旧中国有着深远意义的教育模式，为急需工科人才的旧中国培养了一批德才兼备的工学人才，奠定了中国工程科技教育的基础。

(二)科技与管理

在科技与管理方面，詹天佑受西方
影响较深。在科学方面，关注世界上的科
技动态与最新科技成就，始终保持科技
的先进性；在管理方面，大胆采用了新的
管理模式，在管理领域创下了中国近代
史上的多个"首次"。

从詹天佑遗存下来的书信等资料
中，有数量众多的信件是和他在美国时
的同学、朋友联系的。通过他们，詹天佑
了解西方国家工程技术的新进展与设备
材料的新成果，并经常委托他们代购西
方新出版的科技书籍。

詹天佑学以致用，在建滦河铁路大
桥时，结合中国传统的桥梁打桩方法，创
新性地引进了西方先进的工艺技术，巧
妙设计出气压沉箱法建造桥墩。修建京
张铁路时，大胆设计了"之"字形线路。
还在采用铁路轨距时，从中国铁路事业

的长远发展出发，采用在英、美刚推广的新国际标准轨距等等。这样的事例有很多，詹天佑并不是一味地拾人牙慧，而是在此基础上，结合中国实际，加以创新和改良，更好地使其为我所用。

詹天佑说："故必从事业以求精理，温故业而启新知。凡外国有新理新器之发生，务研究其原因，必改良于后，殚精竭虑，终有贯通之一日。又何难于发明哉？"正是这种巧借外力，为我所用的思想，帮助詹天佑攻克了一个又一个难关，在外国人束手无策的难题前，一次又一次为国人争了光。

19世纪后半叶，中国近代工业交通经济逐渐起步，但企业管理方面仍延续着中国传统行会的气息与小生产的狭隘、保守的管理行为，一片落后与混乱。詹天佑是中国近代最早重视企业经济管理与具有先进、系统的管理思想的优秀人才。

　　詹天佑要求建立一套全中国统一的、科学而又实用的技术标准与管理规范，乃至形成一套全国通行的严格的铁路法规。只有形成这样一套法规，才能保证与促进全国的铁路事业迅速、高效、安全、健康地发展。可以说，这是近代工矿交通企业经济管理中具有最重要意义的基础和前提。首先，他重视建立全中国铁路统一的技术标准，最早在中国倡导国际标准轨距；并组织制订铁路与交通建设的各种技术标准，促使中国第一部关于铁路建设的规范的诞生。其次，他重视建立铁路行车营运的各种规章制度，主持制订了中国铁路史上第一套严格、科学、具体、细致、实用的铁路行车规章制度，在中国铁路建设史上发挥了重大作用。第三，他重视铁路法规的建设，呼吁并参与制订铁路法规。最后，他还重视中文翻译西方科学知识与工程技术词语的统一与规范。历时二十余年，编成《新编华英工学字汇》。

在建筑施工方面，詹天佑在中国最早废弃了传统的、易发生严重腐败弊病的个人私下相交易的订货方法，引进了西方工程购物中的招标方法。这一方法一直延续至今，有效避免了腐败交易，并提高了工程的施工效率。

在最重要、最复杂的人员管理方面，詹天佑引进了岗位职责制度。在第一次全面主持京张铁路干线施工时，詹天佑就详细制定了中国前所未有的一份《（京张铁路）工程师与员司办事章程》，使得各岗位职责分明,督促了其工作的有效实行。对于奖惩升停,也有明确的规章制度,惩戒了懒惰怠工者,保证了有能者的利益,并保证员工中的良好风气,促进员工自身的进步。此外,詹天佑还注重保障员工的福利,重视员工教育等等,制订了一系列领先全国、行之有效的人员管理制度。

詹天佑的科技思想及管理思想影响了他一生的工程实践和科技活动,也影响了中国近代工科的发展,是他留给中国人民的又一份珍贵思想。